Cómo Generar Tráfico Online

CÓMO GENERAR TRÁFICO ONLINE...

Y GANAR DINERO

N. K. Brooks

Nota Legal: El autor de este libro ha utilizado su esfuerzo y conocimiento lo mejor posible con el objetivo de recoger la información aparecida en esta publicación, la cual tiene carácter puramente educativo, de modo que si el lector desea aplicar los conceptos señalados en el mismo será bajo su propia responsabilidad. El autor, en ningún caso, se considera responsable, directa o indirectamente, de cualquier posible daño o derivado por el uso (o mal uso) de esta publicación. La información incluida en este libro es ofrecida de buena fe y creyendo que es exacta en el momento de su publicación, estando sujeta a cualquier cambio necesario.

Tabla de Contenido

Capítulo 1: Introducción	1
Capítulo 2: Establecer una Página Web	7
Capítulo 3: Diseñar una Página Web	14
Capítulo 4: Subir Una Página a la Web	16
Capítulo 5: Optimizar Su Página Web	19
Capítulo 6: Enlaces para Atraer Tráfico	27
Capítulo 7: Escribir Artículos	36
Capítulo 8: Newsletters y Ezines	43
Capítulo 9: Los Foros	48
Capítulo 10: Sindicar Su Negocio	52
Capítulo 11: Notas de Prensa	54
Capítulo 12: Páginas de Bookmarking Social	56
Capítulo 13: Los Blogs	62
Capítulo 14: Los Servicios Ping	65
Capítulo 15: Marketing Viral	68
Capítulo 16: Pago por Click (PPC)	69
Capítulo 17: Publicidad CPA	72
Capítulo 18: Comprar Espacio Publicitario	73
Capítulo 19: Marketing Incentivado	74
Capítulo 20: Comprar Tráfico	75
Capítulo 21: Marketing de Afiliación	76
Capítulo 22: Las Redes Sociales	79
Capítulo 23: Correos Electrónicos	81
Capítulo 24: Marketing Off-line	83
Capítulo 25: Otros Métodos para Generar Tráfico	85
Capítulo 26: Comprobar Resultados	95
Capítulo 27: Conclusión	97
Índice de Fotografías	102

Capítulo 1: Introducción

¡Qué no le quepa la menor duda, internet es el futuro! Y eso teniendo en cuenta que en estos momentos tan sólo utilizamos una pequeña fracción de su potencial. Sin embargo, en unos pocos años más y más negocios y organizaciones encontrarán en la red su mayor baza comercial a la vez que todo nuestro alrededor se enfocará hacia el mundo digital.

En los últimos años, el imparable avance de las nuevas tecnologías y el uso más habitual de las redes sociales y blogs han contribuido a crear un nuevo modelo de negocio. A día de hoy, miles de cientos de personas alrededor del mundo han modificado sus hábitos laborales y encontrado en los negocios online una fuente de ingresos extra o incluso la posibilidad de desarrollar su principal actividad profesional.

A pesar del actual desarrollo tecnológico, los principios básicos de la economía global siguen siendo los mismos: vender y comprar. La diferencia radica en que las dinámicas del marketing online son muy distintas de las tradicionales técnicas de marketing.

Para llevar a cabo una buena estrategia de marketing en internet necesitará una página web que se convertirá en la tarjeta de presentación de su negocio online, una ventana a través de la cual la gente buscará información, productos o servicios que usted le pueda ofrecer. Estos visitantes representan el tráfico generado, el cual es un gran indicativo de la popularidad de la página.

Para triunfar en la red es fundamental entender que la clave del éxito es generar tráfico. Pero no se preocupe, existen un gran número de trucos y técnicas que le ayudarán a atraer cientos (si no miles) de visitantes a su página web cada semana. También es vital recordar que la competición en la red es brutal y, por tanto, necesitará ese algo extra para hacer que su negocio o página web sobresalga entre la multitud.

Ofrecer un buen servicio o crear un buen producto es tan sólo una pequeña parte de esta aventura. Pronto aprenderá que no importa lo bueno que sea su producto o servicio si no es capaz de desarrollar una buena técnica de marketing la cual incluya generación de tráfico y poner sus servicios o productos prácticamente en la cara del posible cliente.

Además, el tráfico será fundamental para que otros responsables de páginas acepten sus propuestas de negocio y pueda desarrollar programas de afiliación. A través del tráfico, los responsables de las páginas pueden también saber qué páginas son populares, cuáles son las menos visitadas y qué tendencias ganan popularidad entre los usuarios de internet.

Al comenzar su andadura en el mundo del marketing online es necesario recordar que los usuarios son una comunidad que confía en sus "colegas" usuarios. Por consiguiente, construirse una reputación a través de la participación activa en foros, chats y blogs marcará una gran diferencia en este mundo virtual.

Ha de saber que las comunicaciones en internet son como el "boca oreja" del mundo virtual y que, en este sentido, las redes sociales (Facebook, Twitter, MySpace) juegan un papel muy importante al permitirle a sus usuarios chatear, enviar y recibir mensajes, hacer video conferencias, compartir documentos y enlaces, escribir blogs y unirse a tablones de conversaciones.

Aparte de redes sociales, los servicios de bookmarking sociales también ayudan a ganar visibilidad y atraer tráfico a su sitio web al permitir que su página sea insertada en un índice y, por tanto, hacerla más accesible a otros usuarios.

Cuando los nuevos marketers comienzan a familiarizarse con el proceso de creación de sus productos, estrategias de ventas o desarrollo de tráfico, muy a menudo se sienten perdidos y frustrados y muchos tiran la toalla antes de llegar a entender las opciones disponibles.

Al darse cuenta de que el tráfico es la clave del éxito, la mayoría de la gente se siente agobiada por la idea de tener que invertir una gran cantidad de dinero y tiempo en atraer ese tráfico. Sin embargo, existen varios métodos capaces de generar tráfico gratuitamente y sin tener que dedicarle gran parte del día.

Este libro ha sido escrito teniendo en cuenta las necesidades de los "novatos" en el mundo del marketing online y está enfocado en cómo generar tráfico de forma gratuita.

Tan sólo un consejo, no intente dominar todas las técnicas explicadas en esta guía a la misma vez o comprobará que, aparte de no tener tiempo suficiente para todo, cometerá muchos errores en el proceso.

En vez de ello, pruebe y domine una técnica cada vez y avance paso a paso creando una base sólida.

Este es el momento perfecto para unirse a este fascinante mundo online y aprovechar sus múltiples oportunidades. En los siguientes capítulos encontrará una serie de trucos útiles que le ayudarán a impulsar su página web de distintas maneras consiguiendo potenciar sus habilidades y conocimientos de marketing online y obteniendo ingresos suficientes para desarrollar su negocio en internet.

Capítulo 2: Crear una Página Web

El primer paso para generar tráfico es establecer un sitio web que resulte fácil de acceder y navegar para los visitantes. Las buenas noticias son que hay varias opciones disponibles para crear una página web, pudiéndola construir usted mismo con la ayuda del procesador de Word, un editor de HTML o un blog y las plantillas y herramientas incluidas en estos programas.

El Programa HTML

HTML es un lenguaje de programación utilizado para construir páginas web y el cual es, en general, más fácil de aprender y aplicar que la mayoría de los lenguajes de programación pudiéndose diseñar con la ayuda de una serie de etiquetas y atributos.

HTML es tan fácil que se puede aprender a través de un curso o tutoriales on-line, muchos de los cuales se pueden encontrar gratuitamente en internet. Sin embargo, si desea crear páginas con un diseño más profesional tendrá que aprender a utilizar scripting junto con HTML.

Procesador de Word

La mayoría de los procesadores de Word actuales, como las nuevas versiones de Microsoft Word o Word Perfect, pueden crear documentos de HTML. Para conseguir esto tan sólo tendrá que diseñar la página web en un documento como Word y grabarlo como un documento de HTML o de página web filtrada en la opción "grabar como". Dependiendo de lo reciente que sea el programa de procesador Word, será capaz de diseñar su sitio web utilizando una apariencia de página web.

El punto negativo de esta opción es que las páginas web creadas con procesadores de Word tienden a aparecer distorsionadas siendo muy difícil ajustarlas, tarea para la cual se tendrá que invertir muchas horas de edición con el fin de obtener resultados decentes.

En este caso, la única alternativa es tratar de mantener un diseño lo más simple posible teniendo en cuenta que es mejor una página sencilla pero rentable que una larga y complicada página que presenta una apariencia muy barata.

Editores de HTML

Los programas editores de HTML están diseñados para ayudarle a crear o editar documentos en HTML, sin tener conocimientos previos de programación.

Los editores HTML son más caros que los procesadores Word (con excepción de Frontpage) pero los resultados finales son mucho más profesionales. Los editores de HTML más populares y utilizados son Dreamweaver y Microsoft Office Frontpage.

Plantillas

Las plantillas para páginas web se pueden utilizar con procesadores de Word y con editores de HTML siendo una buena alternativa para aquellas personas que no tienen los conocimientos y/o el tiempo necesario para diseñar todos los elementos gráficos de una página web.

Hay literalmente miles de plantillas disponibles y algunas de ellas son gratuitas e igualmente efectivas que las versiones de pago, aunque con diseños más simples. También puede adquirir plantillas a precios accesibles en sitios como www.e-Bay.com.

Otra alternativa es utilizar una plantilla adquirida en su compañía de alojamiento de páginas web la cual se podrá diseñar con la ayuda de un editor disponible en su cuenta. Además existen páginas como Yahoo Stores especializadas en el diseño y desarrollo de tiendas online, permitiendo construir un sitio de e-commerce muy similar a grandes como www.amazon.com o www.buy.com.

Plantillas para Blogs

Otra posibilidad para construir una página web es hacerlo a través de una plantilla para blogs, siendo la más recomendada WordPress.

Este sitio cuenta con algunas ventajas como el hecho de que es gratuito, muy fácil de utilizar sin la necesidad de conocimientos de informática y ofrece un gran número de diseños y plugins (aplicaciones) que se instalan con un par de clicks y son capaces de convertir su sitio web en una gran página de lo más profesional.

Utilizar WordPress es de lo más sencillo aunque, claro, al principio cometerá errores y se verá un poco agobiado hasta que vaya adquiriendo conocimientos de la página. WordPress ofrece tutoriales, ayuda online y foros donde otros usuarios pueden preguntar dudas y obtener información.

También puede encontrar tutoriales de cómo utilizar Wordpress en la plataforma de vídeos YouTube.

WordPress tiene la gran ventaja de que es fácil de usar y mucho más efectivo, tanto a la hora de diseño como en el momento de generar tráfico, que las opciones anteriores.

Además, WordPress ofrece la posibilidad de crear un blog con apariencia de página web. Esto es, si no desea que el cliente vea la dirección de WordPress porque le resulta poco profesional, compre un dominio en una página de dominios y conéctelo a WordPress. De esta manera, podrá trabajar con WordPress pero la dirección que sus visitantes busquen y vean cuando acceden a su página no será la de un blog sino aquel dominio que usted haya elegido y comprado.

Para hacer esto posible, tendrá que adquirir un dominio y espacio online, algo que se explicará en los siguientes capítulos.

Contratar los Servicios de un Diseñador

Si la idea de construir una página web le resulta muy complicada o no dispone del tiempo necesario para desarrollar esta tarea, piense en la posibilidad de contratar los servicios de un diseñador profesional independiente quién construirá la base de su página y sólo será necesario añadir el contenido.

Existen muy buenas páginas donde encontrar diseñadores y escritores profesionales a precios módicos como www.elance.com, www.fiveer.com o www.getafreelancer.com.

Al contratar los servicios de un diseñador es indispensable que lea con atención las reseñas de los usuarios y pida el precio final por el trabajo, ejemplos de trabajos anteriores y, si es posible, referencias profesionales.

Páginas Pre-Diseñadas

Otra opción es adquirir páginas pre-diseñadas a través de plataformas como www.eBay.com.

Cuando adquiera páginas pre-diseñadas, el contenido y los gráficos ya han sido desarrollados y usted sólo tendrá que subir su página a una cuenta de alojamiento de webs, introducir el contenido y comenzar con la campaña de marketing de su página.

Capítulo 3: Diseñar una Página Web

Lo primero a tener en cuenta a la hora de diseñar una página web, es mantenerla lo más sencilla posible. Las páginas más rentables son invariablemente aquellas que muestran el logo de la compañía en la parte superior junto con algo de espacio para publicidad, enlaces a otras páginas o secciones en el lado izquierdo de la pantalla y texto en el centro-derecha (o enlaces a ambos lados y el contenido en el medio).

En cuanto a los colores, recuerde que una adecuada combinación de colores visiblemente atrayentes es siempre más efectiva que una deprimente combinación de blancos y negros.

Debe tener mucho cuidado a la hora de elegir colores consiguiendo que combinen bien o, de otra manera, producirá rechazo por parte de los usuarios que no permanecerán el tiempo necesario en la página como para comprar algo

Capítulo 4: Subir Una Página a la Web

Para subir su página a la web, necesitará comprar espacio web en una web de alojamiento y adquirir un dominio. Las páginas de alojamiento de webs pueden ser gratuitas (a cambio de que muestre publicidad de esta página en la suya) o de pago, las cuales por lo general tienen una apariencia mucho más profesional que las anteriores.

Hay proveedores que ofrecen ambas cosas, dominios y espacios. Sin embargo, no es obligatorio comprar las dos cosas al mismo proveedor. Así, si encuentra un sitio web que ofrezca dominios más baratos que los otros usted puede adquirir su dominio en esa página pero luego comprar espacio en otra.

A la hora de adquirir un dominio, tendrá que llevar a cabo una pequeña investigación sobre el nombre a elegir. Si desea atraer tráfico es fundamental que el dominio de su página contenga lo que en marketing online se denominan palabras claves o SEO. Estas son palabras que los usuarios buscan con más asiduidad cuando llevan a cabo una búsqueda en internet.

Para ello puede utilizar un servicio gratuito de Google llamado Google Trends el cual al introducir una o varias palabras le dirá cuál es la más buscada por los usuarios.

Lo mejor es elaborar un listado con los posibles títulos de su página web y luego introducir las palabras en Google Trends para saber cuál es la más buscada y utilizar esa palabra o una combinación en la que aparezca esa palabra.

Otro buen consejo si quiere generar tráfico a su página es elegir, siempre que sea posible, un dominio .com.

En cuanto al alojamiento web, existen páginas que ofrecen estos servicios a precios módicos. Por experiencia, una página en español que funciona bien es http://www.masbaratoimposible.com. Además, Más Barato Imposible ofrece acceso a un cPanel. El cPanel es un programa que conecta tu dominio y espacio con WordPress automáticamente sin necesidad de desarrollar un programa HTML.

Esto significa que una vez que haya adquirido el dominio y espacio le darán un código para entrar en tu cPanel y el cual le servirá de enlace con WordPress, así podrá construir tu página web utilizando este blog, lo cual resulta bastante fácil y barato, pero mostrando su dominio dando, de esta manera, una apariencia profesional. Esta página también ofrece dominios y paquetes bastante económicos y los cuales incluyen una o varias direcciones de correo electrónico.

Si es usted una de esas personas que domina el idioma inglés, también puede probar en www.nameship.com que le ofrecerá dominios a buen precio y en www.stablehost.com una página que ofrece alojamiento web a precio económico y, además, cuenta con un buen servicio de atención al cliente.

Un último consejo, si no tiene conocimientos de informática es fundamental que adquiera un alojamiento en páginas que te ofrezcan la posibilidad de trabajar desde un cPanel porque no encontrará una manera más fácil y rápida de crear una página web.

Capítulo 5: Optimizar Su Página Web

El primer paso hacia el éxito en el mundo del marketing online es aumentar la visibilidad de su página web o lo que es lo mismo, colocar su página en una buena posición en el ranking.

El ranking es el resultado que los motores de búsqueda como Google o Yahoo ofrecen tras llevar a cabo una búsqueda. Si tras realizar una búsqueda de su página web, los motores de búsqueda colocan su sitio web en la primera o segunda página de resultados mostrados, significa que está haciendo las cosas muy bien.

Normalmente cuando alguien busca algo en internet se detiene a mirar las páginas web que aparecen en la primera, segunda y puede que tercera o cuarta página de resultados. Por lo tanto, es vital que su web esté colocada en las primeras páginas de resultados.

Hay una serie de consejos que se pueden seguir para obtener buenos resultados en las búsquedas. Uno de ellos es tener productos de Google en su página como enlaces a YouTube, un mapa de localización del negocio en Google Maps, una cuenta Google + (la red social de Google) y una dirección de correo electrónico de Gmail (también de Google).

La razón para utilizar material de Google es que Google es el motor de búsqueda más poderoso y más utilizado por los usuarios y tiende a "subir puntos" a las páginas que cuentan con sus servicios los cuales, dicho sea de paso, son gratuitos.

Una vez se haya hecho con todo el material disponible de Google, es hora de centrar sus esfuerzos en optimizar su página.

Optimizar una Página Web

Los motores de búsqueda tienen programas software llamados crawlers, o arañas, los cuales detectan las palabras claves y etiquetas de las páginas y generan un ranking. Por tanto, la optimización de las palabras claves es crucial para que las arañas las seleccione y las coloquen en el ranking de resultados.

A la hora de optimizar su página, ha de aprender a utilizar las palabras claves o palabras SEO (Search Engine Optimization).

Las palabras claves son aquellas palabras más buscadas por los motores de búsqueda y las cuales deben ser incluidas en cualquier texto insertado en la red, desde un artículo a noticias pasando por páginas webs. Para ello, deberá utilizar un analizador de palabras claves como Word Tracker (de pago pero ofrece un período de prueba gratuito) o Yahoo Overture Keyword Selector Tool y Google Trends (gratuitos) para hacerse una idea de cuáles son las palabras claves más buscadas online.

Estos servicios le permiten introducir la palabra que desea localizar y también llevar a cabo comparaciones entre distintas palabras.

Las palabras claves se han de insertar en cada título y subtítulo, en las descripciones de las imágenes, en las dos primeras frases de cada párrafo, en la descripción de su página en HTML y en el texto, distribuyéndose a través de él en forma de tela araña.

Una buena técnica para hacerse con palabras claves es analizar el texto sobre el cual desea escribir y elaborar un listado de aquellas palabras que usted crea que los usuarios buscarían para dar con la información contenida en su texto.

A continuación, visite uno de los analizadores de palabras claves mencionados anteriormente y compruebe la popularidad de esas palabras. El analizador también le ofrecerá alternativas y de ese modo sus palabras claves serán más acertadas.

A la hora de escribir cualquier documento, tenga en cuenta que las palabras claves deben constituir entre un 2 y un 6 por ciento del contenido del texto. Por ejemplo, si tiene un texto de unas 500 palabras, las palabras claves deberán incluirse entre 10 a 30 veces pero teniendo cuidado de no excederse en su uso o los buscadores identificarán su contenido como spam. Si utiliza WordPress, puede añadir, con tan sólo un par de clicks, un plugin llamado WordPress SEO que analizará cada post que publique, ofreciéndole un análisis completo sobre el porcentaje de palabras claves y cosas a mejorar para optimizar ese post.

Un buen plan de palabras SEO le generará más beneficios para su negocio siendo crucial que elija las palabras claves adecuadamente, encontrando el equilibrio perfecto entre palabras muy competitiva y esas que no son tan populares pero aún resultan atrayentes.

Tenga en cuenta que si utiliza palabras claves que nadie busca, su página web no recibirá ningún visitante.

Por otro lado, si utiliza las palabras claves adecuadas todavía tendrá que competir con muchas otras páginas para atraer tráfico pero, al menos, estará en el camino correcto.

Es recomendable que cada vez que añada un post, imagen o vídeo a su página elabore un listado de palabras claves y utilice los analizadores de palabras claves para comprobar su popularidad y admitir sugerencias sobre otras palabras.

Al principio esta actividad puede requerirle mucho tiempo pero a medida que se va familiarizando con las palabras claves, esta tarea será más rápida y fácil.

Una buena manera de conseguir ideas para optimizar su página es visitar las mejores 10 páginas en su nicho y analizar su contenido, palabras claves (y su localización dentro del texto), así como, los enlaces utilizados por esas páginas. También, preste atención a algunas ideas sobre diseño como colores, foros y otras características de las páginas.

Al visitar otras páginas populares, podrá identificar algunas buenas ideas para mejorar la apariencia y contenido de la suya. Tan sólo ha de copiar el éxito de estas páginas pero siendo cuidadoso de no cometer plagio.

Así mismo, es importante subir las páginas de su sitio web cada vez que actualice algo para atraer a los motores de búsqueda ávidos de nuevo contenido.

Cuando esté preparado para revisar el ranking de su página, puede utilizar gratuitamente Google PageRank Report y enfocar sus esfuerzos en mejorar el resultado de su página en los motores de búsqueda.

Palabras Claves de Cola Larga

Las Palabras Claves de Cola Larga son frases compuestas por tres o más palabras que se convierten en frases de búsqueda utilizadas por los usuarios para encontrar los productos o servicios.

Cuando los usuarios desean encontrar información o buscan algo por curiosidad, normalmente insertan una o dos palabras en los motores de búsqueda. Sin embargo, cuando están listos para comprar sus búsquedas son más específicas e introducen más palabras para encontrar exactamente lo que desean adquirir. Estas palabras son conocidas como palabras claves de cola larga.

Por último, recuerde que si desea atraer más visitantes a su página web, simplemente siga el mismo método que los usuarios siguen para realizar búsquedas pero teniendo cuidado de no obsesionarse con las palabras SEO y olvidarse de que su principal objetivo es el marketing online.

Capítulo 6: Enlaces para Atraer Tráfico

Se puede generar una gran cantidad de tráfico a través de los hiperenlaces y los enlaces que van desde y hacia su página.

Los hiperenlaces son enlaces insertados en un texto, noticia, comentario, imagen o contenido multimedia y que están relacionados con el tema del que se trata. Lo mejor es crear hiperenlaces a páginas de prestigio como instituciones académicas o páginas de contenido similar al suyo con un alto ranking en los resultados de búsqueda, ya que, Google subirá su página en el ranking generando más tráfico y popularidad. El blog WordPress ofrece esta opción en su casilla de texto, aunque también puede crear un enlace fácilmente en un documento Word utilizando la herramienta de hiperenlaces.

En cuanto a los enlaces, se pueden insertar en una sección bajo el título de "Otras Páginas de Interés", "Páginas Recomendadas" o algo similar.

Cuando decida insertar enlaces en su página web, recuerde que siempre es mejor la calidad que la cantidad tanto para atraer posibles clientes como para llamar la atención de los motores de búsqueda. Así mismo, estos enlaces han de estar relacionados con la actividad de su página web o Google los ignorará.

Un último consejo: no intente manipular los enlaces o Google los detectará y tachará su página como spam, removiéndola del ranking de buscadores.

Intercambio de Enlaces

Para obtener más enlaces a su página web puede llegar a acuerdos con otros responsables de páginas e intercambiar enlaces de manera gratuita. Simplemente, tenga en cuenta que los enlaces han de ser de calidad para que cumplan su función de generar tráfico y lo más relacionados posible con la temática de su página o sus visitantes no entenderán por qué les recomienda visitar una página que no tiene nada que ver con lo que buscan.

Tendrá que aprender a investigar a sus posibles colaboradores y evitar páginas que contengan muchos enlaces que Google haya tachado como "Malos Vecinos" o su página se devaluará y caerá en el ranking. Por lo tanto, evite enlaces a páginas que lleven a cabo alguna o todas estas prácticas:

- Técnicas de black-hat para atraer tráfico.
- Incluir numerosas páginas de enlaces de salida. Esto es, no incluir contenido sino miles de enlaces de mala calidad con el objetivo de generar tráfico.

- Evite las llamadas "granjas de enlaces" o técnicas de spam. Estas son páginas inter-enlazadas que han sido diseñadas para confundir a los motores de búsqueda y alterar el ranking haciendo creer a Google que el contenido es de mayor calidad de lo que realmente es. Tenga en cuenta que Google está constantemente desarrollando y mejorando sus algoritmos para detectar y penalizar estas prácticas.

Para decidir si una página es interesante o no, tan sólo preste atención a su actividad, reputación y número de visitantes o seguidores. Para facilitarle la labor existen programas de software y herramientas online capaces de ayudarle a revisar la calidad y naturaleza de las páginas que están relacionadas con la suya.

Practique la reciprocidad y si una página tiene un enlace a la suya, incluya un enlace de esa página en su página web (siempre que no sea un "mal vecino"). De otra manera, los responsables de la otra página no mostrarán su enlace, lo cual afectará al tráfico y ranking de su página.

Una buena idea es elaborar poco a poco un directorio de páginas en su sector de actividad con la ayuda de los motores de búsqueda y si es posible de software especializados. Una vez tenga ese directorio, contacte con los responsables de las páginas y ofrézcales un intercambio de enlaces. Eso sí, para entonces ya tendrá que haber incluido contenido en su página y haberle hecho un poco de propaganda a través de redes sociales y directorios de artículos (se explicará en siguientes capítulos) porque a nadie le gusta promocionar una página vacía o sin casi contenido.

No se sienta frustrado ni tire la toalla si algunos de ellos rechazan su oferta, porque unos pocos la aceptarán y eso se traducirá en una gran cantidad de tráfico hacia su página.

Cuando se ponga en contacto con los responsables de las otras páginas, mencione algunas secciones de las mismas que le hayan gustado y explique cómo a los visitantes de esas páginas les puede beneficiar un enlace a la suya. De esta manera, demostrará interés real por la sitio lo cual incrementará las posibilidades de que acepten su oferta.

Asegúrese de dar la URL correcta e incluya un código HTML (con las apropiadas palabras claves) en sus enlaces de tal manera que los responsables de las otras páginas tan sólo tengan que copiar y pegar su enlace. O mejor aún, incluya su enlace en un directorio ping y ofrézcalo así.

Para los enlaces que muestre en su página, pida a la otra persona añadir una pequeña descripción con el enlace para que su sitio no sea confundido con una "granja de enlaces", una de esas páginas que tan sólo incluye enlaces para marear a los buscadores pero ningún contenido interesante.

Cuando reciba una oferta para mostrar un enlace en su página, revise cuidadosamente el contenido de la otra página y asegúrese de que es una página profesional y que le ofrece reciprocidad para mostrar su enlace. De otra manera, estaría comprometiendo la calidad y visibilidad de su página.

Otra cosa a revisar es si la página tiene enlaces desde su página de inicio a sus otras páginas dentro de la web, si ese no es el caso no acepte la oferta porque si su enlace es mostrado en una página que no está enlazada con la página principal de esa web, Google no lo encontrará y será un enlace totalmente inútil.

Podrá obtener enlaces de calidad a su página a través de la inserción de artículos en directorios relacionados con la actividad de su página. Los directorios de artículos buscan contenido nuevo constantemente con lo cual aceptarán sus artículos, ofreciéndole un enlace muy poderoso para los motores de búsqueda y una visibilidad a miles de clientes potenciales.

Por último, cuando vaya a prestar el enlace a su sitio web o a la página que ha creado para promocionar un producto o servicio en concreto, lo mejor que puede hacer es añadir su enlace a un servicio de bookmarking de enlaces como www.bitly.com. Para utilizar este servicio gratuito, tendrá abrir una cuenta y añadir su enlace/enlaces a su cuenta.

Cuando en alguna página web le soliciten su enlace, tan sólo tendrá que ir a su cuenta en bitly y copiarlo. Aparte de aparecer mejor en las otras páginas web (y más resumido lo cual puede ser útil en sitios como Twiter), su enlace será automáticamente visible para todos los buscadores porque este servicio actúa como una especie de alerta para las herramientas de búsqueda.

Capítulo 7: Escribir Artículos

Escribir artículos e insertarlos en un directorio de artículos es un modo fácil pero muy efectivo de generar interés y tráfico hacia tu página web de manera gratuita. Algunos de los marketers online más exitosos del mundo utilizan esta técnica para llamar la atención sobre sus productos y/o servicios porque es una de las herramientas de marketing online más poderosa que existen.

A través de los directorios de artículos, puede insertar un artículo original que resulte interesante y que la gente pueda utilizar en sus páginas web y blogs de manera gratuita. A cambio, los usuarios que utilicen sus artículos se comprometen a no modificar el contenido del mismo y tendrán que mostrar el nombre del autor y su página web, incluyendo un enlace a sus productos y/o servicios.

A estas alturas podría pensar que le está haciendo el trabajo a otros pero, de hecho, un simple artículo suyo será visible en docenas de blogs lo cual conseguirá atraer la atención de muchos lectores quienes, si se sienten interesados en su artículo, pincharán en el enlace a su página y muy probablemente comprarán alguno de sus productos/servicios.

Cuando inserte un artículo en un directorio, hay una serie de factores a tener en cuenta:

- Utilice contenido original y atractivo. Puede crear el contenido usted mismo pero si cree que no dispone del tiempo o talento suficiente para ello, siempre puede descargar contenido PLR (Private Label Rights). Simplemente, decida sobre qué desea escribir y utilice los motores de búsqueda online para encontrar material PLR. Por ejemplo, si decide escribir sobre cómo perder peso introduzca perder peso seguido de las siglas PLR o las palabras "derechos de reventa" en Google.

El contenido PLR es contenido, muchas veces de calidad, que puede ser utilizado libremente por cualquiera que lo desee y se puede encontrar desde libros a informes pasando por artículos y noticias. Cuando utilice contenido PLR, tendrá que re-escribir parte de él, al menos un 40% u 50% del contenido, o estará incurriendo en un delito de plagio y contra la propiedad intelectual. Aunque tendrá que trabajar, se ahorrará muchísimo tiempo buscando ideas e información en la red, ya que, este contenido le aportará la base necesaria para desarrollar su idea. No intente utilizar el contenido PLR tal cual porque, aparte de ser ilegal, es muy probable que otras personas también hayan hecho lo mismo con lo cual tan sólo aportará contenido duplicado que no atraerá visitas. Además el contenido con derechos PRL (al igual que el contenido de productos con derechos de reventa) cuando se vende sin modificar debe incluir el nombre y enlace del autor con lo cual su artículo generará tráfico hacia la página de ese autor y no hacia la suya.

- Lea algunos artículos relacionados con su sector en los directorios para obtener ideas sobre nuevos artículos en el tema. Hay mucho material sin derechos de autor en la red desde libros a software pasando por diseños e imágenes los cuales pueden resultar muy útiles en el momento de elaborar un artículo. Simplemente, busque material de dominio público en los grandes motores de búsqueda como Google.

- Elabore artículos relacionados con los servicios o productos que esté promocionando en su página web. De esta manera, atraerá a su página gente que esté interesada en su nicho en particular y, por consiguiente, las posibilidades de obtener clientes aumentarán significativamente.

- Los artículos debe tener una longitud de entre 300 a 500 palabras y utilizar palabras SEO.

- Los títulos más exitosos son aquellos que incluyen un número ("Cómo Perder Peso en 4 Semanas"), ofrecen una solución ("Cómo….") o revelan un misterio ("Los Secretos de…").

- Los artículos deben resultar interesantes y aportar información y soluciones pero evitando convertirlos en una mera carta de ventas o correrá el riesgo de que no se lo publiquen. Si, por ejemplo, está vendiendo un libro o libro electrónico escriba un artículo relacionado con el tema de su libro, informando a la gente y ofreciendo soluciones mientras añade una frase como "si necesita más información, puede encontrar un libro sobre el tema en el siguiente enlace: añada su enlace".

- El público en general está sediento de información sobre cualquier tema imaginable.

Para tener una idea sobre qué temas en concreto se demandan en su nicho también puede utilizar un analizador de palabras claves. Una idea es ofrecer soluciones nuevas a viejos problemas que muchos de nosotros compartimos como, por ejemplo, cómo quitar una mancha de vino de la alfombra o cómo construir una estantería.

- Sea creativo y verá como sus artículos se extienden por la red. Si tiene una historia graciosa que contar sobre cómo se topó con la solución a un problema o similar, añádala en sus artículos.

- Cree un listado de pasos a seguir para realizar una tarea. A la gente le encanta que le expliquen todo paso a paso utilizando símbolos o números que hagan su vida más fácil.

- Recuerde que cada directorio de artículos tiene sus propias normas para la inserción de material. Léalas atentamente y asegúrese de que las entiende o correrá el riesgo de que su artículo no sea nunca publicado.

- Puede contratar un servicio de inserción de artículos el cual insertará sus artículos en cientos de directorios por un precio razonable. Sin embargo, tenga en cuenta que este servicio normalmente funciona con un software que no lee las normas de inserción de cada directorio con lo cual deberá estar preparado para que le rechacen su artículo en algunos de esos directorios.

- Algunos directorios de artículos son: .ezinearticles.com/, www.articledashboard.com/ o www.articlemarketer.com. En español, las mejores páginas son www.articulo.org, www.articuloz.com y www.leetu.com.

Capítulo 8: Newsletters y E-zines

Cientos de responsables de páginas web publican newsletters o ezines (abreviación de revista electrónica en inglés) cada semana o cada mes, las cuales funcionan a modo de generador de tráfico online gratuito.

Una newsletter puede contener enlaces a su página web para ayudar con la auto-promoción de la página y "refrescarle" la memoria a los clientes, informándoles de que la página está preparada para ofrecerle contenido y productos nuevos. Además, la newsletter también funciona como una especie de carta de ventas que puede animar al lector a visitar la página.

Si produce newsletters e inserta artículos en directorios regularmente, pronto se convertirá en una autoridad y un experto en su nicho de mercado, atrayendo a un mayor número de visitantes.

Antes de comenzar a escribir, analice su audiencia para saber qué busca la gente, qué problemas tienen a los que usted le puede dar solución y en qué están interesados.

Para encontrar clientes potenciales, preste particular atención a los comentarios hechos por otras personas en los artículos insertados en directorios.

En muchas ocasiones, los lectores buscan una solución a un problema y usted le puede facilitar la información que ellos necesitan. Con esa información, puede enfocar los problemas e intereses de su audiencia en sus newsletters, aumentando el valor de su contenido y asegurándose una base de datos de clientes potenciales.

Otro buen consejo es no olvidarse de sus "colegas" marketers. Piense que cualquier persona que esté seriamente interesada en desarrollar un negocio online, está siempre buscando información, productos o servicios que mejoren su negocio.

Si usted tiene un producto que pueda facilitarles la vida, simplificar su trabajo, ahorrarles dinero o garantizarles más ventas, eso significaría que tiene algo más valioso que el oro para ellos.

Un modo efectivo de obtener publicidad gratuita para una newsletter es seleccionar uno de esos problemas planteados por los usuarios en foros o comentarios y elaborar un informe que les ofrezca la solución a su problema. Una vez hecho esto, ofrezca su informe de manera gratuita en el directorio de artículos, a responsables de páginas webs y blogs relacionados con el sector enfocado en su informe y a perfiles similares en redes sociales.

A los responsables de cuentas en redes sociales, blogs y páginas web les encanta poder ofrecer material gratis a sus miembros y seguidores para ganarse su lealtad. A cambio, usted recibirá gran visibilidad, ya que, su nombre y el enlace a su página web estarán incluidos en el informe y serán leídos por cientos de personas.

No olvide mantenerse activo en los foros, demostrando interés y haciendo crecer su reputación como experto. Con esto conseguirá que los responsables de las páginas coloquen un enlace a su página en una posición visible, lo cual incrementará espectacularmente el tráfico a su página y su localización en los resultados de búsqueda de Google.

Cuando vaya a escribir, recuerde que escribir en internet es diferente que hacerlo en cualquier otro medio. La gente que aparece en su listado de lectores de newsletters o ezines, buscan sentirse parte de una comunidad y no ser tan sólo una dirección de correo electrónico. Por tanto, sus artículos han de ser escritos de manera informal y amigable, utilizando un lenguaje llano que todo el mundo pueda entender e incluyendo listas o explicaciones paso a paso que faciliten su lectura.

En cuanto a las ezines, son igual de efectivas que las newsletters pero más caras y lleva más tiempo escribirlas.

De hecho, no compensa el tiempo dedicado con el tráfico generado y recientes estadísticas demuestran que tan sólo 8 de cada 100 personas que leen una ezine estarían dispuestas a comprar algo en la página que publica la revista.

Por tanto, un buen consejo es concentrarse en las newsletters cuando la intención es generar tráfico, ya que, son más cortas, gratuitas y requieren menos tiempo, siendo igualmente efectivas que las ezines. Eso sí, no se obsesione con la escritura y se olvide que su principal objetivo es generar tráfico.

Capítulo 9: Los Foros

Los mensajes en foros se colocan en aquellas páginas donde se permite a sus miembros crear un nuevo hilo de conversación sobre un asunto en concreto. Es fundamental elegir un foro con prestigio, bien situado en el ranking de buscadores online and con un gran número de socios y seguidores.

Únase a un foro relacionado con su negocio online. Algunos foros son previo pago pero la mayoría son gratuitos y, aparte de garantizar mejores resultados, exponen los mismos problemas y cuentan con usuarios dispuestos a pagar por una solución. Los foros gratuitos también cuentan con más miembros lo cual significa más oportunidades de llegar a un mayor número de clientes potenciales.

Después de presentarse a sí mismo como nuevo miembro del foro con un mensaje o "post" breve y amigable en la categoría adecuada, inserte una firma que aparezca al final de cada post, email o mensaje privado que envíe.

Ha de saber que una firma electrónica cuidadosamente elaborada (la cual incluya su nombre, enlace a su sitio web y una o dos frases breves) es capaz de crear un efecto viral y expandirse con rapidez en la web.

Tras presentarse a sí mismo, lea las normas del foro y averigüe cómo funciona y qué categorías existen. Tómese su tiempo para conocer a los moderadores y saber quiénes son los miembros más populares en el foro.

Una vez encuentre su sitio en el foro, el siguiente paso es participar activamente en él haciendo preguntas y ofreciendo soluciones. Ofrezca enlaces a recursos gratis en la web y a sus propios productos gratuitos (informes, libros electrónicos, etc.) y gánese la confianza de otros miembros del foro poco a poco. De esta manera, se estará construyendo una reputación dentro del foro lo cual es esencial para seguir hacia el siguiente paso: comenzar el marketing de su página.

Tenga cuidado y no pretenda auto-promocionarse desde el primer momento o nadie le comprará sus productos o servicios porque los miembros del foro no le conocen y no se fían de usted. Además, es más que probable que le "inviten" a abandonar el sitio.

Para tener éxito en el foro, tiene que construir una reputación de experto antes de comenzar a ofrecer sus productos o servicios sutilmente. En vez de intentar venderse descaradamente, ofrezca una solución a algún problema y añada una frase como "si necesita más información, visite esta página web: el nombre de su página web".

También deberá pensar en la posibilidad de crear un foro en su propia página para animar a sus visitantes a participar activamente en su sitio web. Piense que aquellos visitantes que tengan una buena experiencia en su foro, volverán siempre que necesiten resolver un problema, obtener información o simplemente para socializar.

Es más, si sus visitantes quedan satisfechos con sus productos/servicios o contenido, les podrá convencer para que promocionen sus productos/servicios a otros o compartan artículos y newsletters, incluyendo un enlace a su página web. Esto le supondrá una mayor visibilidad y aumentará su base de datos de clientes potenciales.

Capítulo 10: Sindicar Su Negocio

Otra herramienta gratuita de marketing online es el RSS, las siglas inglesas de Sindicato Simple, un proceso similar a un diario de su página web.

Para realizar un RSS, ha de seleccionar parte de su contenido y crear una especie de diario. El contenido seleccionado puede ser cualquier cosa, desde artículos a promociones o noticias pasando por eventos especiales. Este contenido será añadido a un documento de RSS y registrado con un publicista de RSS o su agregado. A continuación, los usuarios se registrarán en su página web para recibir este diario en forma de newsletter.

Si tiene conocimientos técnicos, existen diferentes programas software que le ayudarán en su tarea de realizar un RSS. De otra manera, siempre podrá contratar los servicios de alguien que haga el trabajo por usted.

La clave del éxito es crear un contenido gratuito que resulte útil, breve y fácil de leer y que esté enfocado en su audiencia.

A la hora de publicar, elija una categoría específica para enfocarse a su audiencia de clientes potenciales y evite meterse en una categoría general. Si su contenido es útil o interesante para diversas audiencias, inserte su RSS en diferentes categorías.

El modo más rápido y fácil de sindicar su negocio es con el WordPress. WordPress tiene una widget RSS que se puede añadir a las barras laterales o al pie de página con un simple click y después el mismo blog se encargará de ir subiendo contenido actualizado sin que usted tenga que hacer nada. WordPress genera un RSS (o resumen) del contenido y otro de los comentarios que los visitantes dejen en su página.

Capítulo 11: Notas de Prensa

Una nota de prensa puede generar un mayor conocimiento de su página y ofrecer una visibilidad muy amplia mientras da un aspecto muy profesional de la página.

Hasta hace poco, las notas de prensa se publicaban en periódicos y anuncios de radio y televisión. Ahora, existen un gran número de páginas de noticias en la red, como Google News o Yahoo News, que reciben millones de visitantes cada día.

Puede utilizar servicios como de Wire como Business Wire, PR Newswire, PRWeb y Market Wire para simplificar el proceso de subir contenido a los motores de búsqueda más populares. Existen formatos específicos para notas de prensa y, por tanto, es recomendable leer cuidadosamente los términos y condiciones en cada página especializada en noticias antes de comenzar a enviar artículos.

Utilice títulos que atrapen la atención del lector y contenido informal y fácil de leer pero evitando venderse directamente y recuerde que una noticia o nota de prensa bien escrita puede ser leída por miles de personas que podrían convertirse en clientes potenciales.

Por ello, es aconsejable buscar ejemplos de "cómo publicar una nota de prensa" en la red y producir una nota prensa de aspecto profesional.

Las notas de prensa también pueden incluir enlaces a su página web y noticias que lleguen a sus seguidores de forma inmediata.

Capítulo 12: Páginas de Bookmarking Social

Otra herramienta gratuita para desarrollar su marketing online son las páginas de bookmarking social. Al buscar páginas de bookmarking social en Google, obtendrá unas 500 páginas de resultados. Algunas de estas páginas son de contenido general y otras están enfocadas a un nicho en concreto pero todas ellas reciben, literalmente, millones de visitantes cada mes.

Las bookmarking sociales son un nuevo método para organizar información y categorizar recursos que consiguen que el contenido sea más fácil acceder a la información.

Las páginas de bookmarking sociales son un gran método para promocionar sus productos, marca o incluso a usted mismo. Sin embargo, tendrá que ser paciente porque, aunque estas técnicas son efectivas, requieren cierto tiempo para despegar.

En el lado positivo, las páginas de bookmarking social le garantizarán la visibilidad necesaria a su negocio la cual se traducirá en ventas.

La persona que crea las marcas debe asignar una etiqueta o un grupo de etiquetas a cada enlace o recurso. Los servicios de bookmarking social le enseñan cómo crear una marca, así como, las marcas creadas por otros usuarios.

A través de una plataforma de bookmarking, los usuarios pueden conectar con otros usuarios interesados en los mismos temas simplemente siguiendo el rastro de las etiquetas. Como usuario también puede ver cuanta gente ha utilizado una etiqueta en concreto y buscar los recursos relacionados a esa etiqueta.

Los usuarios que disfrutan de acceso a una página de bookmarking social en concreto pueden ver las marcas en orden cronológico o por categorías (etiquetas).

Para crear su propia colección de páginas de bookmarking social o ser capaz de ver otras marcas, deberá registrarse en estas páginas. Cada plataforma le permitirá almacenar las bookmarking y las etiquetas y decidir que etiquetas desea publicar y cuales desea mantener en privado. También puede acceder a sus páginas favoritas desde su ordenador o incluso desde su teléfono móvil.

Las páginas de bookmarking social más populares son:

1. www.digg.com
2. www.technorati.com
3. www.delicious.com
4. www.stumbleupon.com
5. www.reddit.com
6. www.fark.com
7. www.slashdot.org

Cuando se una al foro de la página, busque aquellos hilos de conversación relacionados con el contenido de su sitio web y, después de leer los requisitos cuidadosamente, abra un perfil y participe en las actividades de la página, insertando artículos o "posts" y contestando a comentarios.

Invite a sus amigos a unirse a la página y ofrezca contenido gratis como libros electrónicos o informes a páginas populares los cuales incluya enlaces a sus páginas, haciéndolos visibles y disponibles para millones de personas. No olvide que la información gratuita se extiende por internet a la velocidad de la luz y, por tanto, no desaproveche esta oportunidad.

Puede utilizar algunas de estas técnicas para obtener el mayor beneficio de las páginas de bookmarking social:

• Cree un comentario asegurándose de colocar las palabras claves en el título y la primera frase del comentario para atraer a los motores de búsqueda.

• Manténgase activo en la página, interactúe con otros usuarios y marque cada comentario que publique.

• Recuerde que calidad es mejor que cantidad, por tanto para atraer lectores y ganar credibilidad, su contenido debe ser de calidad.

Las páginas de bookmarking social consiguen atraer a más lectores hacia sus artículos o comentarios que la mayoría de los recursos online y con el paso del tiempo esto le aportará mayor credibilidad, aparte de más tráfico, buenas críticas, comentarios, seguidores y ventas.

La página gratuita más popular es www.digg.com la cual cuenta con alrededor de 25 millones de visitantes reales. En digg, tras registrarse y firmar por una cuenta, los usuarios pueden ver todas las historias o enlaces que insertan los otros usuarios.

Siempre que desee insertar un artículo, video o post en digg, éste será visible inmediatamente en la sección "nuevas historias".

En esta página no hay editores y el trabajo editorial es llevado a cabo por los otros usuarios. Si su artículo, comentario o enlace obtiene suficientes "digs", se le sube a la página principal. Si no obtiene suficientes "digs", se queda en la zona de todos los "dig" de donde se borrará después de cierto tiempo.

Capítulo 13: Los Blogs

Los blogs son, sin lugar a duda, la herramienta más útil a la hora de generar tráfico. Abra un blog gratuito a través de una página como Blogger o WordPress y no se preocupe si no tiene conocimientos técnicos porque WordPress es fácil de utilizar, no necesitando ser un genio de la informática para establecer su blog con aspecto de página web lo cual se puede hacer con tan sólo seguir los pasos descritos en el blog.

También puede crear un blog dentro de su página web, dándole a su sitio un toque más "humano".

Los blogs ofrecen características para generar tráfico y visibilidad como el ping, una aplicación a través de la cual cualquier modificación o comentario nuevo hecho en el blog, será inmediatamente visible en todos los directorios de blogs llegando a millones de usuarios en tiempo real.

Los blogs son capaces de generar enormes cantidades de tráfico porque a la gente le gusta leer contenido nuevo y si a usted le atrae la idea de escribir, un blog puede ser el mejor generador de tráfico que pueda imaginar.

No se preocupe porque no necesita añadir contenido todos los días o ser el autor de todo lo que publica. Puede actualizar su blog un par de veces a la semana y "tomar prestado" contenido de otras páginas, añadiendo enlaces a noticias, comentarios, imágenes o videos.

También puede abrir una sección para sus colaboradores en programas de afiliación de marketing (se explicará en profundidad en siguientes capítulos).

Comentarios en Blogs

Busque blogs relacionados con el sector de su página y averigüe si puede añadir comentarios en sus foros con el objetivo de gestarse una reputación en el sector.

Al comentar en un blog, todos los usuarios podrán ver la dirección de su sitio web a la vez que sus comentarios funcionarán como una promoción de su producto. Eso sí, recuerde que los comentarios han de ser breves y concisos, evitando venderse descaradamente.

Capítulo 14: Los Servicios Ping

Puede ayudar a los motores de búsqueda a encontrar resultados informándoles cada vez que inserte contenido nuevo en su blog. Esto se hace enviando un "ping" a los mayores directorios de blogs cada vez que introduzca una modificación o contenido nuevo.

Los pings son cada vez más importantes para los blogueros porque parte de su trabajo consiste en informar a los buscadores sobre nuevo contenido en blogs.

Los blogueros informan de actualizaciones a los motores de búsqueda y otros servicios como plataformas de bookmarking sociales enviando pings a los proveedores de este servicio.

Una vez ellos hayan recibido la señal ping desde una página web, la identifican como una confirmación de que se ha introducido nuevo contenido en esa página o blog.

Entonces, el servicio proveedor de pings visita el blog o página en cuestión e inmediatamente inserta en su índice el nuevo contenido que encuentre.

Tener la capacidad de enviar un ping sobre nuevo contenido a todos los mayores directorios de forma inmediata significa que los motores de búsqueda no tienen que estar buscando contenido nuevo constantemente. Los pings permiten a los blogueros a dar el paso de informar a los motores de búsqueda sobre su nuevo contenido antes de que los motores lo encuentren. Esto consigue que los motores de búsqueda presten un servicio más eficiente, informando y mostrando enlaces nuevos al público en tiempo real.

Las herramientas de los blogs son capaces de identificar un ping cada vez que se crea un nuevo comentario o se introduce nuevo contenido en una página o blog. Entonces, estas herramientas envían una señal a un servidor de pings el cual crea un listado con todo el nuevo contenido disponible y lo envía a los motores de búsqueda. Los mejores servidores de ping son www.pingomatic.com y www.kping.com aunque si utiliza WordPress, este blog le ahorrará el trabajo porque, a través de un plugin, WordPress enviará una señal directamente a los servicios de ping.

Capítulo 15: Marketing Viral

Una opción más para incrementar su visibilidad es el marketing viral. Para establecer esta opción tendrá que ofrecer de forma gratuita un informe o libro electrónico con derechos de reventa e incluir el enlace a su página web, e incluso enlaces a otras páginas con las que tenga alguna relación comercial.

Es imprescindible que especifique claramente que el libro electrónico o informe ofrecido tiene derechos de reventa y, por tanto, el contenido se puede revender pero nunca modificar. De esta manera, los visitantes descargarán el libro porque podrán obtener información útil y gratuita, así como, un producto que podrán revender en su página web.

La estrategia de marketing radica en el hecho de que el contenido no puede ser modificado con lo cual el enlace a su página será visible para mucha más gente, incluyendo los lectores de todas las páginas web donde se revenda el libro o informe, teniendo muchas posibilidades de ganar tráfico y posibles clientes.

Capítulo 16: Pago por Click (PPC)

Pago-por-click es un tipo de anuncio que funciona mostrando un listado de anuncios en su página web y ofreciéndole una comisión cada vez que alguien pincha en uno de los anuncios. Esta comisión puede ir desde $0.01 a $100 dependiendo de la compañía, aunque lo más normal es que se ofrezca tan sólo unos pocos céntimos por cada click.

Normalmente, las grandes compañías de seguros son las que ofrecen más dinero por pinchar en un anuncio, pudiéndose ganar una cantidad más que decente si se consigue un número considerable de clics de clientes reales.

Cuidado porque las herramientas de búsqueda detectan clics irregulares que lleguen de clientes ficticios o en cantidades sospechosas. No se sienta tentado a pinchar en sus propios anuncios y no invite a sus amigos a hacer lo mismo o Google le detectará y penalizará relegando su página al final del ranking.

Además, dicha actividad está considerada un fraude lo cual significa que no sólo se acabaría su contrato de afiliación sino que podría incurrir en serios problemas legales.

Para recibir aprobación para un programa de pago-por-click, tendrá que seguir un proceso similar al requerido en cualquier programa de afiliación aunque las páginas de pago-por-click son, por lo general, menos estrictas y aceptan a todo el mundo que desee participar.

Podrá mostrar en su página web todos los anuncios que desee desde cualquier fuente de ingresos que le parezca bien, siempre que los anuncios ofrezcan contenido interesante para sus visitantes.

También puede colocar usted un anuncio a través del método pago-por-click para promocionar su página utilizando el servicio Adwords de Google.

Este servicio no es gratuito pero que puede establecer límites para no gastar más dinero de aquel que haya destinado a su campaña.

También puede pagar cada vez que alguien haga un clik en su anuncio. El servicio funciona fijando apuestas de entre $0.01 a unos miles de dólares. Cuánta más alta sea esta apuesta, más alto Adwords colocará su anuncio en los buscadores online.

Hay servicios más económicos como www.bidvertiser.com que aunque no es un sitio tan poderoso como el Adwords de Google es más accesible en cuanto a dinero se refiere y puede incluir más palabras claves generalizadas con lo cual podrá igualar el tráfico obtenido a través de Google.

Es esencial que utilice analizadores de palabras claves que busquen términos más abstractos a la hora de fijar una apuesta.

Una cosa más a tener en cuenta es que un anuncio pago-por-click no es muy recomendable cuando se está comenzando un negocio y no se dispone de muchos productos estrella o una sólida base de clientes, ya que, se podría perder mucho dinero y no obtener resultados visibles.

Capítulo 17: Publicidad CPA

Los programas de anuncios Cost Per Action, (CPA) son similares en apariencia a los programas de pago-por-click y como ellos se muestran en la página en forma de anuncios en la parte superior, inferior y a los lados de la página web.

La diferencia con los programas de pago-por-click es que mientras éstos requieren tan sólo un clic en el anuncio para conseguir una pequeña comisión, los programas CPA requieren una venta o acción similar pudiendo ser enfocados como una fuente de ingresos extra y alternativa a un programa de pago-por-click.

Hasta el momento, las páginas más populares para este tipo de anuncios son aquellas que ofrecen la posibilidad de contratar azoogle ads (ingresar así en el buscador de Internet) pero lo mejor es solicitar un programa cuando ya se tenga un tráfico decente o su solicitud será rechazada.

Capítulo 18: Comprar Espacio Publicitario

Comprar el espacio publicitario de otras páginas es otro modo de hacer dinero mientras se desarrolla tráfico a una página. Podrá encontrar páginas que ofrecen espacio publicitario como www.adbrite.com o incluso en www.ebay.com.

Un factor importante a tener en cuenta a la hora de encontrar páginas web para anunciarse es elegir una página relacionada con el anuncio a publicar.

También, debe asegurarse de que la página donde desea colocar su anuncio disfrute de una buena posición en los resultados de los buscadores online y de que su propia página ya contiene el suficiente contenido para que resulte interesante a los visitantes.

Capítulo 19: Marketing Incentivado

El marketing incentivado es un método más de anuncios online, siendo muy populares las páginas "paid-to" (pagar-a), las cuales pagan a sus visitantes por leer los anuncios.

Aunque su precio es bastante bajo y los visitantes tendrán que leer su anuncio para recibir el pago, muchos responsables de páginas web no desean utilizar el marketing incentivado creyendo que la mayoría de los visitantes a la página están interesados en el dinero que van a recibir por ello y no en el anuncio en sí.

En otras palabras, la mayoría de los visitantes no comprarán el producto, simplemente leerán el anuncio y cobrarán por ello. El único factor positivo es que esta alternativa es efectiva a la hora de incrementar el tráfico a su página web.

Capítulo 20: Comprar Tráfico

Comprar tráfico puede ser muy beneficioso para aumentar el número de visitantes de manera espectacular. Sin embargo, nunca estará seguro si el tráfico es verdadero o son visitantes falsos con lo cual su acción no verá ningún fruto.

Si decide comprar tráfico, contrate los servicios de una compañía seria que utilice dominios reales los cuales han quedado en desuso. De esta manera, los enlaces al ser reales serán capaces de desarrollar tráfico real.

Capítulo 21: Marketing de Afiliación

Un programa de marketing para afiliados consiste en promocionar la página web, servicios o productos de otra compañía a cambio de una pequeña comisión sobre las ventas realizadas a través de un enlace o página web.

La dirección de la compañía contiene un código que permite saber desde dónde se ha recibido el enlace o el click, con lo cual la empresa sabe si se ha realizado una venta o un click desde su página web o no.

La mayoría de las compañías online como www.amazon.com o www.bestby.com ofrecen programas de afiliación online. Sin embargo, en muchos casos no anuncian esta posibilidad con lo cual deberá buscar en su página web por la opción "Programa de Afiliación" o enviar un mensaje haciéndoles saber su interés en participar en este tipo de promoción.

Por lo general, la compañía requerirá información general como nombre, dirección, teléfono de contacto y, por supuesto, una dirección URL. Una vez que la solicitud sea aprobada, será necesario esperar unos pocos días por la activación de la cuenta.

Otro modo de unirse a un programa de afiliación es a través de una red de afiliados donde se puede solicitar un programa de afiliación con cuántas compañías se desee.

Una vez que la aplicación haya sido aprobada, se conseguirá acceso a una cuenta donde podrá comenzar programas de afiliación.

Una de las redes de afiliados más populares es www.commissionjunction.com. Para comenzar a trabajar con ellos, necesitará que su URL sea aprobada (se puede obtener una dirección de página web comprando un dominio o una dirección de una compañía de web hosting) y firmar en la sección "Publishers".

Una vez haya recibido la aprobación necesaria, la página le ofrecerá un listado dividido en categorías de aquellas compañías con las que puede llevar a cabo un programa de afiliación. Sin embargo, con esta opción, a diferencia que con página como www.Amazon.com, necesitará una cantidad de dinero considerable en adelantado para pagar a sus afiliados.

Otra página muy popular para generar ingresos es www.clickbank.com la cual presenta un proceso de aprobación muy simple, ya que, no se necesita una página web. Aunque clinckbank no es tan grande como commissionjunction, tiene las ventajas de que no se necesita dinero por adelantado ni conocimientos técnicos para solicitar el programa de afiliación.

Capítulo 22: Las Redes Sociales

Para atraer tráfico a su página web es buena idea participar en las redes sociales. Regístrese en redes sociales generalizadas y en algunas enfocadas en el sector de su página web. Utilice su perfil para presentar su página y sus productos/servicios e inserte un enlace a su página o blog si la plataforma se lo permite.

Las plataformas más populares son Facebook y Twitter. Estas plataformas cuentan con muchos miembros activos lo cual significa una gran oportunidad de incrementar su base de datos.

Puede aumentar el tráfico a su página web dejando comentarios en los muros de sus cuentas y creando aplicaciones que sean apoyadas por las plataformas sociales.

Facebook también ofrece la posibilidad de contratar un servicio de publicidad por un precio razonable y pagar alrededor de 0,01 céntimos de euros por cada "like".

En cuanto a Twitter, la diferencia con Facebook es que permite una mayor relación con usuarios desconocidos, ya que, las cuentas pueden establecerse de tal modo que se permita acceso a todos los usuarios de la red con lo cual se adquiere una gran visibilidad. Además, puede abrir una cuenta personal, otra para su negocio y otra para cada producto o servicio que desee promocionar porque Twitter no le pone límites al número de cuentas que se pueden registrar.

Al igual que los foros, la clave del éxito en las redes sociales es la participación. Haga y responda preguntas y promocione sus productos/servicios sin olvidarse de incluir su firma y un enlace a su página.

Por último, para aumentar su presencia en la plataforma, visite los perfiles de otros usuarios y devuelva las visitas que recibe su perfil.

Capítulo 23: Correos Electrónicos

El marketing a través de correo electrónico es un modo barato y muy efectivo de estar en contacto con sus clientes y ofrecerles un incentivo para regresar a su página. Los correos electrónicos requieren un bajo mantenimiento y se pueden personalizar fácilmente gracias a programas de software.

El marketing con emails es una buena idea cuando se goza de bastante tráfico en la página y se puede contar con una base de datos bastante amplia de posibles clientes.

Para conseguir esta base de clientes, la mejor idea es ofrecer algo gratis (libro electrónico, clase o curso en Internet, informe, etc.) a cambio de que los visitantes se subscriban a un listado de correo electrónico, dejando su nombre, correo y, si es posible, dirección postal.

También puede informar de su material gratuito a otros responsables de páginas web y blogueros para que se lo ofrezcan a sus usuarios y encontrar páginas en redes sociales como Facebook o Twitter que estén especializadas en el sector de su libro o informe y pedirles que se lo ofrezcan a sus seguidores.

Otra opción para construir su base de clientes extensa es unirse a una joint adventure. Una joint adventure consiste en intercambiar promoción con otros responsables de páginas web que estén enfocadas en su mismo sector pero ofrezcan productos o servicios diferentes. De esta manera, el responsable de otra página ofrecerá nuestros productos a sus clientes y nosotros a cambio ofreceremos sus productos a nuestros clientes. Al final, ambas páginas se benefician de la base de datos de la otra.

A medida que desarrolla su base de datos, piense en la posibilidad de usar un servicio de marketing con correo electrónico como www.ConstantContact.com, el cual le ayudará a enviar emails, incluyendo correos de encuestas que le ayudarán a saber en qué tipo de productos o servicios están interesados sus visitantes.

Capítulo 24: Marketing Off-line

Aunque el marketing off-line (fuera de internet) puede ser visto por muchos como demasiado tradicional y pasado de moda, es aún bastante efectivo. Hay distintos métodos para atraer a visitantes a través de publicidad tradicional:

- Correo Postal. A través de correo postal, podrá enviar folletos, postales o cartas a sus posibles y/o pasados clientes. El factor negativo de esta opción es su elevado coste, ya que, deberá hacer frente a los gastos de sellos, sobres y envío.

  Por otro lado, a través de correo postal podrá construir una larga relación comercial con sus potenciales clientes porque, aunque mucha gente no comprará tras recibir un correo suyo, sí que podrán quedarse con el nombre de su página y visitarla de vez en cuando, pudiendo efectuar alguna compra en el futuro.

- Tablones de Anuncios Gratuitos. Muchos supermercados, restaurantes de comida rápida y grandes almacenes o centros comerciales ofrecen tablones comunitarios en los que se puede colocar un anuncio. En la mayoría de los casos este servicio es gratuito. Aunque no consiga miles de clientes tampoco perderá nada.

- Prensa Tradicional. Este es un método publicitario clásico, siendo bastante accesible en cuanto a precio y, lo crea o no, es aún efectivo a la hora de acceder a clientes. Puede insertar anuncios en periódicos locales y nacionales, radio y televisión, depende de su presupuesto.

- Guía Telefónica Local. Si su presupuesto se lo permite, podría considerar la posibilidad de colocar un anuncio en la guía de teléfono local el cual incluyera, por su supuesto, el nombre y dirección de su página web.

- No olvide llevar siempre consigo algunas tarjetas de visita de tal manera que pueda promocionar su página en cualquier evento social.

Capítulo 25: Otros Métodos para Generar Tráfico

Hay dos tipos de tráfico online, el natural y el orgánico. El tráfico natural es aquel que llega a la página de manera natural atraído por el nombre o contenido del sitio. En este caso el dominio de la página juega un papel fundamental, debiendo estar estrechamente relacionado con los productos o servicios ofrecidos en la página para así garantizar una visita.

Por otra parte, el tráfico orgánico es aquel que es "enviado" a la página gracias al buen uso de las palabras SEO las cuales son capaces de generar alrededor del 10% del tráfico que llega a una página.

También, cuanta más información que tenga una página, más interés mostrarán los motores de búsqueda. Además, cada página debe incluir un título y subtítulos o cabeceras que contengan palabras claves ponderosas.

Otra manera de atraer tráfico es colocar palabras claves y la información más relevante en el primer párrafo de la página de inicio. Los motores de búsqueda normalmente identifican las dos o tres primeras líneas del primer párrafo para mostrar sus resultados.

Finalmente, debe saber que los motores de búsqueda evitan seleccionar enlaces de baja calidad o páginas que están en construcción.

Por tanto, el mantenimiento y puesta al día de la página contribuye a que ésta obtenga una buena posición en el ranking.

Otros métodos para generar tráfico son:

- Inserte su página en directorios en internet para ganar visibilidad en los motores de búsqueda.

Incluya su página en directorios relacionados con su campo de profesión, ya que, se hará un nombre en el sector y atraerá a clientes potenciales.

- Cree enlaces internos que aumenten las posibilidades de navegar en su página web, algo especialmente útil en páginas de contenido.

- Ofrezca localización geográfica de su negocio para atraer posibles clientes en su área.

- Presente sus productos o su contenido individualmente utilizando una página para cada uno de ellos. Cuántas más páginas tenga su sitio web, más fácil será que los motores de búsqueda lo identifiquen.

Por otro lado, las páginas específicas sobre productos específicos demuestran gran conocimiento del producto/contenido en concreto aumentando la reputación de su página como un sitio web digno de visitar de vez en cuando.

- Compre enlaces de texto para aumentar las posibilidades de ser seleccionado por los motores de búsqueda.

- Compre anuncios cartel. Estos son anuncios con figuras visuales que garantizan visibilidad e incluyen un enlace a la página que se promociona. También puede participar en un programa de intercambio de carteles (o banners) para aumentar la visibilidad en la web.

Un programa de intercambio de carteles ofrece un ratio de intercambio de 2:1, esto significa que por cada 50 personas que visiten su página web, su banner será insertado en otras 25 páginas web.

- Utilice etiquetas para las imágenes. Las etiquetas son un factor importante en cuanto a los motores de búsqueda se refiere porque éstos le dan mucha importancia a las imágenes, colocándolas en un buen lugar en el ranking.

Por lo tanto, no olvide añadir etiquetas a sus imágenes para ganar visibilidad y atraer a los motores de búsqueda. Este punto es especialmente importante cuando se venden productos porque le ofrecerá al cliente una idea clara del aspecto del producto a comprar.

- Lleve a cabo promociones regulares. Rebajas y descuentos son dos palabras que hacen maravillas a la hora de atraer visitantes a una página.

- Actualice su contenido regularmente. Si los visitantes se topan con la misma información una y otra vez cuando visitan su página, es muy probable que no vuelvan.

Además, los motores de búsqueda buscan constantemente contenido nuevo para realizar su ranking de resultados.

Es más, cuando se trata de páginas de contenido, actualizar contenido significa más y más páginas y más visitantes lo cual genera más tráfico a su sitio web.

No tiene que escribir artículos largos y complejos, simplemente incluya pequeños artículos, noticias, comentarios, videos o imágenes.

- Obtener opiniones. Pregunte a los responsables de páginas de gran calibre en su sector si pueden darle su opinión sobre su página o productos con el fin de aumentar su visibilidad. Sin embargo, tenga en cuenta que para que este método sea efectivo las opiniones han de ser buenas.

- Ofrezca material gratis. Ofrecer material de forma gratuita cada vez que un cliente compre un producto o servicio aumentará considerablemente sus ventas mientras que retendrá a sus compradores quienes no dudarán en comprar más productos o servicios suyos en el futuro. Puede ofrecer una gran variedad de material gratuito, como informes, clases, webinars, libros electrónicos, diccionarios de términos de su sector, una consulta gratuita en un foro o a través de video conferencia, etc.

- Incluya una sección de recursos adicionales. Esta sección mostrará enlaces a otras páginas o productos relacionados con su página. A cambio, las páginas cuyos enlaces usted muestra también muestran un enlace a su sitio web.

- Recuerde que contestar a preguntas y comentarios garantizarán una buena experiencia a sus visitantes y aumentarán el prestigio de su página.

A la gente no le gusta ser ignorada y, por tanto, ofrecer comentarios y soluciones le dará a los visitantes la sensación de cercanía y humanidad. Si tiene una página de contenido estará mostrando dedicación e información adecuada y si tiene una página de productos o servicios, mostrará su apoyo a sus clientes.

- Organice promociones y concursos. Por lo general a la gente le gusta jugar y ganar y es muy probable que alguien que haya participado en un concurso en su página, vuelva a comprobar el resultado de dicho concurso, lo cual significa mucho más tráfico.

- Tenga un dominio propio. Esto le ayudará a que su página sea reconocida como una marca de confianza.

- Ofrezca consultas gratuitas. De esta manera, se establecerá como un experto en su sector mientras atrae a más gente a visitar y participar en su página.

Cuando se trata de páginas de productos o servicios, muestras de productos o pruebas gratuitas de sus servicios funcionan del mismo modo que una consulta gratis.

- Garantice accesibilidad. Una página fácil de acceder y navegar que no dañe los ojos, anima a los visitantes a estar más tiempo en ella y familiarizarse con sus productos/servicios.

- Brinde originalidad. Ofrezca a sus visitantes una experiencia y contenido único y una atmósfera adecuada para así aumentar las posibilidades que el visitante se quede más tiempo y vuelva.

- Ofrezca seguimiento. Este seguimiento es útil cuando se trata de páginas de productos. Un seguimiento post-venta de sus clientes creará una buena impresión de su página y le dará a sus clientes la sensación de que están tratando con un profesional.

Así, correos electrónicos automáticos y correos de auto-respuesta funcionan y pueden resultar de lo más eficaces.

- Cree una ventana de salida. Las ventanas emergentes de salida son ventanas que se abren cuando el visitante abandona una página, llevando al usuario a otra página web. Puede utilizar un programa donde se registrará para crear una ventana emergente y del mismo modo que una ventana hacia otra página emergerá cuando alguien intente abandonar su sitio web, una ventana promocionando su página emergerá cuando un visitante abandone otra página que también esté registrada en ese programa de ventanas emergentes. De esta manera, usuarios que no tienen conocimiento de su página sabrán de ella en otro sitio web.

- Participe en Joint Ventures. Participar en joint ventures le ayudará a incrementar la visibilidad de su página a través de intercambios de enlaces, intercambios de banners o anuncios cartel, referencias y opiniones.

Capítulo 26: Comprobar Resultados

Algunas páginas ofrecen servicios de comprobación de resultados de su página web, productos, servicios o campañas de marketing, ofreciendo toda la información referente a sus productos y servicios incluyendo cuántas visitas recibe su página web y cuanto tráfico se genera y desde dónde. De otra manera, esta es una tarea que necesitará llevar a cabo para saber que campañas funcionan y cuáles no están dando los resultados esperados.

La más popular de estas páginas es www.visitorville.com, la cual muestra los resultados en forma de video juego a cambio de una cuota mensual cuya cantidad dependerá del número de visitantes que reciba su página web.

Otra página muy famosa es www.statcount.com, la cual muestra la información de una manera más clásica utilizando gráficos y anagramas pero que es más barata que www.visitorville.com gratis si se recibe menos de 270,000 visitas al mes.

Aunque ambas páginas le facilitará información sobre de dónde proviene su tráfico, www.statcount.com también le informará sobre que palabras clave son aquellas más buscadas por los visitantes.

Capítulo 27: Conclusión

La World Wide Web o internet ha crecido espectacularmente en los últimos años de tal manera que cualquier cosa que pueda imaginar o buscar está al alcance de un solo click. De hecho, muchos de nosotros ya no podemos imaginar nuestra vida diaria sin internet.

Además, cualquier negocio que se precie tiene o tendrá en un futuro cercano una presencia masiva en Internet.

El internet es vasto e intrigante y ofrece a los usuarios muchas posibilidades de elegir que página desean visitar a la vez que pueden comparar entre distintos productos o servicios antes de comprar, ahorrando una gran cantidad de tiempo y dinero y teniendo una gran variedad de productos para elegir.

Internet es el mercado más activo del mundo. Un lugar donde todo el mundo puede comprar, vender, promocionar, publicitar y, aún en estos momentos estamos viendo tan sólo la punta del iceberg.

A diferencia de un negocio físico el cual puede ser visitado por clientes locales, un negocio online puede ser visitado desde cualquier punto del mundo con lo cual el mundo entero es su cliente potencial. Es por ello que, en los últimos años, más y más personas en todas partes del mundo han encontrado en internet la manera de impulsar sus negocios sin las ataduras de las barreras físicas.

En internet se tiene la oportunidad de llegar a un gran número de futuros clientes en cualquier rincón del mundo; clientes que de otra manera nunca sabrían de su negocio.

Además, internet tiene la gran ventaja de no depender ni estar demasiado influenciado por la crisis económica que en la actualidad azota a buena parte de las llamadas sociedades industrializadas.

En estos momentos hay miles y miles de personas que han sido capaces de ganar suficiente dinero con un negocio online para poder dejar sus trabajos a jornada completa. Incluso, no es inusual toparse con testimonios de personas quienes han hecho verdaderas fortunas online. Las posibilidades son infinitas, usted tan sólo necesita iniciativa, innovación y trabajo duro para hacer que sus sueños se conviertan en realidad. También deberá recordar que cualquier negocio necesita una inversión previa para poder despegar. Por tanto, esté preparado para gastar algo de dinero en su negocio e invertir en su propio éxito.

Las buenas noticias son que un negocio online requiere menos inversión que un negocio físico y que su negocio le reportará mucho más dinero que aquel que usted invierta.

Aunque las posibilidades en internet son incalculables, tendrá que competir con muchos otros negocios online los cuales ofrecen productos o servicios similares a los suyos. Por consiguiente, necesitará aprender y llevar a cabo ciertas estrategias que le aporten una ventaja y coloquen sus productos de una manera más visible y eficiente. Recuerde que hay millones de páginas web en la red compitiendo por la atención de los clientes con lo cual tendrá que hacer ese esfuerzo extra para quedarse con una parte del pastel.

Al entrar en el mundo de los negocios online, comprobará como, poco a poco, irá adquiriendo conocimientos y aprendiendo a construir una página web, atraer tráfico, registrarse a un programa de afiliación o a escurrirse el cerebro para escribir una carta de ventas decente.

Con el paso de los meses, entenderá que la clave de su éxito consiste en el tráfico que sea capaz de generar y en si es capaz de atraer y mantener a sus clientes.

Si desea que su negocio florezca deberá encontrar el modo de mantener y aumentar ese tráfico (o lo que es lo mismo a sus visitantes).

En esta guía se le ha ofrecido una serie de consejos y trucos, así como, información invaluable sobre cómo desarrollar su negocio online. A estas alturas, habrá aprendido a desarrollar una página web; a atraer potenciales clientes; a aumentar su flujo de tráfico online y a desarrollar técnicas de marketing online.

Utilice todo lo aprendido y no dude en lanzarse a la piscina. Este es el momento y ya dispone de las estrategias necesarias para conseguir su objetivo. ¡Todo lo que ha de hacer ahora es llevar estas técnicas a la práctica e iniciar esta fascinante aventura!

¡Dale la bienvenida al nuevo marketer online que hay dentro de sí y disfrute la experiencia!

Índice de Fotografías

1. Internet en Casa. Autor: jb2.0 en www.flickr.com.
2. HTML. Autor: SEOPlanter/www.flickr.com
3. I Love Internet. Autor: Codiceinternet/flickr.
4. WWW. Autor: SEOPlanter/www.flickr.com
5. Google Search. Autor: Telendro/www.flickr.com.
6. Palabras SEO. Autor: SEOPlanter/www.flickr.com
7. Marketing Online. Autor: FindYourSearch en www.flickr.com.
8. Internet. Autor: Ministerio TIC Colombia en www.flickr.com.
9. Beneficios. Autor: Por 401(k)20123/flickr.
10. Blog. Autor: ZERGE_VIOLATOR en www.flickr.com
11. Ping Symbol. Autor: jb2.0 en www.flickr.com.
12. Facebook Logo. Autor: Marcopako en www.flickr.com.
13. Tráfico Online. Autor: esocialmediashop/www.flickr.com
14. Searching. Autor: Rock1997/www.commonswikipedia.org.

www.ingramcontent.com/pod-product-compliance
Lightning Source LLC
Chambersburg PA
CBHW051729170526
45167CB00002B/854